AF250511

EXTRAIT

DU

PREMIER RAPPORT

PRÉSENTÉ

AU DIRECTOIRE,

Dans le mois de Mai 1791,

Sur les mesures propres à transformer l'Église dite de Sainte-Geneviève, en Panthéon Français;

Par Ant. QUATREMÈRE.

A PARIS,

De l'Imprimerie de BALLARD, Imprimeur du Département de Paris, rue des Mathurins.

1792.

EXTRAIT

Du premier Rapport présenté au Directoire, dans le mois de Mai 1791, sur les mesures propres à transformer l'Église dite de Sainte - Geneviève, en Panthéon Français, par Ant. QUATREMÈRE.

CHAPITRE PREMIER.

LE Décret de l'Assemblée Nationale qui consacre l'édifice de Sainte-Geneviève à recueillir les cendres des grands hommes, indique assez les mesures préalables que le Directoire doit prendre pour accomplir cette intention.

Destination exclusive du monument.

La première de toutes, doit être de prononcer la destination du monument, d'une manière qui ne laisse plus d'équivoque dans son emploi.

Quelle que puisse être l'autorité de l'habitude et de l'exemple par rapport au mélange que présentent certains monumens fameux, d'usages purement politiques et de pratiques religieuses;

A 2

quelle qu'ait été jusqu'à ce jour la tolérance de la raison et de la religion dans cette combinaison vraiment rebutante qu'offre l'aspect d'édifices consacrés tout-à-la-fois à l'éternité et à la mort, il est sûr qu'une telle aggrégation de pratiques et d'idées disparates, n'est que le résultat de l'incohérence de tous les élémens dont se sont formées les institutions modernes. Il est douteux qu'elle reçoive une nouvelle autorité d'un peuple assez heureux pour rentrer, par la force de la raison, dans la simplicité des habitudes primitives de la nature.

La monstrueuse alliance des temples et des sépultures, où toutes les affections se confondent pour s'entre-détruire, qui altère la noble simplicité de l'architecture, et entrave toutes les ressources de la sculpture, par les convenances inutiles du monument avec le local qu'il défigure ; les soins plus importans encore de la saine police et de la salubrité des villes ; la nécessité de conserver les cénotaphes et autres ouvrages de l'art, que la suppression d'un grand nombre d'édifices religieux feroit rentrer dans le néant ou dans l'oubli ; bien d'autres considérations feront sans doute sentir à l'Administration la nécessité d'établir des lieux publics de sépultures, appropriés à nos usages et à nos affections

Le Directoire du Département compromettr

(5)

donc et l'opinion qu'on a de sa sagesse, et l'es-
pérance de toutes les améliorations que Paris doit
attendre de sa détermination sur l'édifice confié
à ses soins, s'il donnoit encore dans ce moment
le dangereux exemple de cet alliage indiscret
d'usages contradictoires ; et si, au lieu que jusqu'ici l'on a fait de nos temples des lieux de
sépultures, par un contre-sens plus impardon-
nable, il vouloit, d'un lieu destiné à la sépul-
ture, continuer d'en faire un temple.

Si l'unité, principe de toute beauté, s'oppose
à ce parti, d'autres considérations le repoussent
encore. La patrie est une divinité nouvelle pour
un peuple libre ; mais son culte ne connoît pas
de sectes. Bornée à l'exercice de toutes les vertus
dont le point d'appui est sur la terre, cette religion ne rivalise point avec celle dont les oracles
et les récompenses descendent du ciel, elle ne
juge point ses décrets, elle ne partage point ses
temples, mais elle veut un autel autour duquel
ses adorateurs s'enchaînent du lien d'une fra-
ternité qui ne connoisse ni droit d'aînesse, ni
prédilection, ni signes distinctifs.

C'est sur-tout dans les hommages que la Patrie
rend aux grands hommes, c'est dans ce retour
de bienfaits qu'elle aime à ne voir que les enfans
d'une mère commune. Ses embrassemens les
appellent tous autour d'elle ; elle s'affligeroit de

tout ce qui sépareroit dans l'expression de sa reconnoissance, ceux qu'elle a si intimement unis par l'obligation uniforme de l'amour.

Cette cruelle séparation auroit lieu cependant, si le culte de la Patrie, associé sous les mêmes voûtes à celui de la Divinité, trouvoit dans quelques dogmes, ou même dans des pratiques religieuses, des titres ou des motifs de proscription contre quelqu'un de ses prosélites. Qui sait même jusqu'à quel point une alliance de ce genre pourroit réveiller toute l'activité des préjugés qu'une imprévoyante philosophie se seroit trop hâtée de croire anéantis ?

Le contraste, et il faut le dire même, le ridicule de la nouvelle destination de notre édifice, avec celle qui donna lieu à son érection, deviendroit encore plus marqué, s'il étoit possible qu'on voulût réunir dans la même enceinte, les hommages d'une dévotion plus ou moins éclairée, pour le pieux objet d'une sainte crédulité, avec les honneurs profanes et les cérémonies civiques, que la philosophique superstition du génie décernera aux reliques ou à la mémoire des grands hommes.

Le décret de l'Assemblée Nationale, et toutes les conséquences de ce décret, imposent donc au Directoire l'obligation d'affecter uniquement et exclusivement aux grands hommes, ainsi qu'à la patrie, l'édifice destiné à son culte.

Inscription du monument.

La seconde mesure propre à arrêter plus précisément encore et à fixer cette destination, est de donner au monument une dénomination qui exclue tout mélange d'idées étrangères. Notre langue s'y refusera peut-être : peut-être serons-nous obligés d'emprunter encore du vocabulaire de ces peuples qui nous ont transmis toutes les idées de la gloire. Si les mots simples de *Portique* ou *Monument des grands hommes* ne semblent pas au niveau de l'idée, on pourra employer ceux de *Basilique Nationale, Panthéon, Cénotaphe* ou *Mausolée des grands hommes*, etc. Mais quel que soit le nom dont on fasse choix, il faudra l'inscrire au-dessus de la porte d'entrée, pour que, revêtu de la sanction de l'usage, il efface promptement l'habitude de l'ancienne dénomination.

Changement de décoration.

La troisième mesure, et la plus importante, est d'arrêter un cours suivi de décoration analogue à l'objet de ce monument dédié aux grands hommes. Avant d'indiquer les procédés économiques et les moyens matériels d'opérer, à peu de frais, cette transformation, nous croyons à propos de ne point interrompre la description de ce que nous avons projeté de substituer à l'ancien plan de décoration. Cette description n'éprouvera d'autre division que celle qu'indiquent l'intérieur et l'extérieur de l'édifice.

Extérieur de l'édifice.

Il nous a paru que le programme de toute la décoration étoit contenu dans l'inscription décrétée par l'Assemblée nationale : *Aux grands hommes la Patrie reconnoissante.* Tel est le texte dont l'éloquence de la sculpture doit donner le développement.

Cette belle inscription, selon les règles de l'art et les convenances du goût, ne peut trouver d'autre place que dans la frise, cette partie située entre l'architrave et la corniche. De grandes lettres de bronze prendront la place de cet enroulement que l'œil ne regrettera pas, et s'incrusteront sur le nu de la pierre.

Le fronton dégagé de l'insipide ramas de nuages, d'anges et de rayons qui n'offusquent que la raison, recevroit l'image de la Patrie sous la forme d'une femme vêtue d'une longue robe et accompagnée des symboles qui caractérisent la France. Debout, et au milieu du fronton, les deux bras étendus, elle tiendroit de chaque main une couronne. A sa gauche, le Génie, sous la forme d'un jeune homme aîlé, saisiroit la couronne, tandis que de l'autre côté, la Vertu, sous l'emblême plus modeste d'une jeune fille, sembleroit l'attendre : les attributs des vices et des passions terrassés, occuperoient la partie rampante du fronton.

Les cinq bas-reliefs sculptés sous le péristile, et qui représentent des sujets saints et des traits de la vie de Sainte-Geneviève, seront remplacés par d'autres, dont le motif se tireroit du même ordre d'idées.

L'on a dit qu'il y avoit aussi sous ce péristile deux grandes tables de la même hauteur que les deux portes collatérales ; celles-ci dorénavant inutiles, se fermeroient et donneroient un nouvel espace pour deux autres tables propres à contenir des inscriptions. Ces quatre tables recevroient d'une part les Droits de l'homme ; de l'autre, les devoirs du citoyen, c'est-à-dire, la Constitution. Les bas-reliefs placés au-dessus de ces inscriptions, en répéteroient les maximes dans leur langage figuré. On verroit d'une part ce que la Patrie fait pour l'homme, et de l'autre, ce que l'homme doit à la Patrie.

Un bas-relief, par exemple, pourroit représenter la Patrie formant, par l'éducation, les vertus et les talens. Un autre exprimeroit la législation ou l'action salutaire de la Patrie, qui, au moyen des loix qui l'environnent, assure la liberté et défend la propriété des citoyens. Des deux autres bas-reliefs, l'un exprimeroit la soumission aux loix, et l'autre, les vertus et les talens qui sacrifient sur l'autel de la Patrie. Le bas-relief du milieu contiendroit l'allégorie représentative de la déclaration des Droits de l'homme. La Nature, par exemple, appuyée sur l'Égalité et la Liberté, tiendroit un niveau ; le bonheur des campagnes, la richesse des villes, la tranquillité de l'empire, s'y exprimeroient par les emblêmes si connus de la langue allégorique de la sculpture.

Tout le reste du monument extérieur ne comporteroit que de très-légers ragrémens, qui ne méritent pas d'être décrits. Rien à changer dans la coupole que quelques ornemens sous la galerie formée par la colonnade circulaire du dôme. Les tours bonnes à détruire, la sacristie inutile à commencer, n'entreront ici que comme élémens des économies qui seront l'effet de la nouvelle destination.

Il est un objet extérieur cependant qui demande à se raccorder avec l'ensemble d'un nouveau parti de décoration, c'est la lanterne qui sert d'amortissement à la coupole. Vous penserez, sans doute, Messieurs, que le signe caractéristique du christianisme et de ses temples ne doit plus surmonter l'édifice civique que vous consacrez à la Patrie, et vous devez chercher à détruire toute espèce d'équivoque qui pourroit blesser notre religion,

Cette suppression ne vous porteroit-elle pas à écouter les plaintes des gens de goût contre l'usage puéril de ces petits belvéders que la stérilité de la mode a si inconsidérément multipliés sur toutes les coupoles ? Pourquoi faut-il que le couronnement d'un grand édifice n'offre à l'esprit que le vide absolu de la pensée ?

En proposant de réparer, par un changement fort simple, les torts de l'usage auquel l'architecte crut devoir sacrifier, on auroit cependant l'avantage de ne point le contredire. Sa première intention, comme on le voit par ses premiers plans, avoit été de placer, au haut de sa coupole, l'effigie de la Sainte qui devoit donner le nom à l'édifice : pourquoi refuseroit-on aujourd'hui d'accomplir le premier vœu de son génie ?

Rien ne termineroit, d'une manière plus heureuse, la coupole, qu'une statue colossale qui, moins haute que n'est la lanterne actuelle, redonneroit à la masse du dôme le caractère que cet alongement prodigieux d'un édifice qui l'écrase, lui fait perdre.

Le Directoire jugeroit donc de l'emblême qu'il conviendroit d'imposer au sommet de ce monument national ; il choisiroit entre l'effigie de la Liberté, qui ne peut être déplacée nulle part, ou la statue de la Renommée, qui seroit peut-être plus spécialement appropriée à ce temple de la gloire.

Tout ce qui pourra donner de la gravité à ce monument, entrera dans les mesures propres à en caractériser l'emploi. On croit donc que sous tous les rapports l'édifice ne pourroit que gagner, en perdant ces fastidieuses guirlandes dont la redite inutile fatigue, par sa nullité, l'œil qui parcourt les contours extérieurs du monument.

Une autre suppression qui ajoutera au caractère de l'architecture en elle-même et de l'édifice, considérée sous son nouveau rapport, sera celle des croisées dont les murs sont percés. De grands lisses plaisent à l'œil, et l'intérieur gagnera beaucoup par la suppression des jours du bas qui contrastent avec ceux des grands ceintres de la voûte. Par ce moyen l'intérieur recevant moins de jour prendra un caractère plus sérieux, le jour tiré du haut répandra sur les monumens et sur l'architecture même une lumière plus favorable, plus convenable au silence religieux du local. L'expérience de cette suppression déjà faite pour le service de Mirabeau, nous autorise à la proposer définitivement. Elle entrera aussi dans les calculs de l'économie.

Puisque nous sommes entrés dans l'intérieur

de l'édifice, poursuivons-en la description fu-
ture.

Intérieur de l'édifice.

On a vu que cet intérieur se composoit de
quatre nefs et d'une coupole qui leur sert de
centre. On a indiqué le pieux motif de décoration allusive à la religion chrétienne dont deux
de ces voûtes, déjà terminées, laissent voir le
développement. Flattés de l'espoir de consacrer
par les hiéroglyphes de l'art, le syſtéme philosophique de la tolérance universelle, déjà quelques artistes avoient conçu le projet de graver
sur le reste de l'édifice les symboles des autres
cultes, et sur-tout de l'antiquité dont la religion
est devenue celle des arts et des artistes.

Vous jugerez, Messieurs, ce que de tels rap-
prochemens pourroient offrir de choquant pour
la raison, de ridicule aux yeux de l'opinion, de
dangereux par rapport au préjugé, et d'incom-
patible avec le culte moral que vous devez ins-
tituér dans cet édifice civique.

Nous vous proposons d'adopter de préférence,
dans la décoration de votre Panthéon philosophique, les attributs et les emblêmes de cette
religion vraiment universelle, à laquelle tous
les peuples doivent se rallier. Cette religion est
morale. Ses allégories offriront au ciseau de l'art,

des sujets aussi favorables : mais leur grand avantage sera d'être à la portée de tous les yeux,
de tous les esprits, de tous les peuples, et sur-
tout de s'assortir naturellement au caractère et
à la destination du local.

Les quatre voûtes de notre édifice formeroient
donc, dans les divers compartimens qui les divi-
sent, un cours suivi des vertus essentielles de
l'homme et du citoyen. Rien n'empêcheroit sans
doute de représenter quelques-unes de ces vertus,
par quelques-uns de ces traits de l'histoire qui
en sont devenus comme les apologues insépa-
rables.

Les vertus morales et politiques, les dons du
génie relatifs aux sciences qui servent la société
et aux arts qui l'embellissent, voilà la répartition
naturelle des symboles qui doivent animer nos
quatre voûtes.

Nous ne vous présenterons, pour le moment,
que l'ensemble d'une conception générale ; si
vous l'agréez, ce sera au crayon de vous rendre
sensible, par une exécution préalable, tout ce
qu'un simple récit ne peut exprimer qu'impar-
faitement.

Quant à la décoration de la coupole intérieure, vous avez déjà pressenti ce que le pinceau
est impatient d'y exprimer. Votre édifice est un
catéchisme figuré des devoirs de l'homme en

société : votre coupole doit être comme la péroraison de tout ce discours allégorique. L'apothèose du Génie et de la Vertu doit couronner le sommet de la voûte. Nous ne préviendrons point ici par une description précoce, les efforts de la peinture dans ce vaste sujet, et nous laisserons à celui que le talent et la célébrité désigneront pour l'exécuter, toute la liberté qu'exige le génie.

Nature et disposition des monumens à élever aux grands hommes.

L'édifice terminé convenablement à la dignité de son emploi, il faut s'occuper d'une quatrième mesure, celle qui concerne la nature et la disposition des monumens que la reconnoissance de la Patrie consacrera aux grands hommes.

L'un de ces deux objets est relatif aux monumens en eux-mêmes, l'autre à l'édifice destiné à les recevoir.

Quant au premier objet, nous croyons qu'il est très-essentiel de le régler ; et si quelque chose peut le faire sentir, c'est l'aspect fâcheux et désagréable de quelques édifices destinés, comme celui-ci, à servir d'hypogée et de cénotaphe. Nous en avons un exemple sous les yeux dans l'église de Saint-Denis, où les tombeaux arbitrairement composés et disposés, n'offrent qu'un labyrinthe de monumens qui s'offusquent et se détruisent l'un par l'autre. L'abbaye de Westminster à Londres a porté la confusion et le désordre en ce genre à un excès proportionné à la multitude de ses monumens. Si quelque chose est propre à détruire le sentiment profond qu'on éprouve dans cette galerie d'illustres morts, c'est sans doute la bigarrure de leurs portraits, et les disparates de leurs compositions fantastiques.

Loin de nous l'idée de vouloir mettre au génie de l'artiste trop d'entraves, en assujettissant ses conceptions à un module uniforme et monotone d'invention ; mais l'intérêt de l'art, du monument et des convenances peut lui prescrire des bornes et circonscrire le cercle de ses compositions. S'il en est quelqu'une que les règles du goût, la bienséance du local doivent proscrire, c'est sans doute celle des mausolées modernes. Tous les symboles de mort qui attristent l'imagination, doivent s'éloigner d'un lieu consacré à l'immortalité. Ces compositions d'ailleurs ne sauroient s'approprier à l'architecture qu'elles contrarient, ni à l'espèce de symétrie que demande une ordonnance régulière. Qui sait en outre jusqu'à quel degré la reconnoissance rétroactive de la Nation voudroit étendre ses obligations envers les grands hommes qui auroient précédé l'époque de la révolution, et qui ne pourroient habiter ce sanctuaire

tuaire d'immortalité que sous le simulacre du marbre qui les feroit revivre ? Qui sait jusqu'à quel point la dépouille d'un grand homme devenue la propriété du lieu qui lui auroit donné le jour, se refuseroit à une translation douloureuse, et combien de fois il faudroit séparer dans les monumens, l'effigie de l'homme de la possession de sa cendre ?

D'après ces considérations et beaucoup d'autres, parmi lesquelles on doit compter encore celle qui tendroit à éviter les points de ressemblance entre notre édifice et les lieux saints, ou les cimetières, il nous semble que de toutes les formes à adopter dans le monument en question, il faut choisir celles qui s'approprient à toutes les circonstances et à toutes les données. Ces formes sont encore celles que l'art et le bon goût réclament de préférence, et qui ont en leur faveur la sanction toujours imposante de l'antiquité.

Ainsi, selon la dépense assignée, selon la qualité des services ou le plaisir même de la variété, ces monumens seroient ou des statues représentatives de l'homme, ou des grouppes allégoriques, ou de simples bustes placés sur des piédestaux, ou des cippes ornés de bas-reliefs, ou des sarcophages sculptés et surmontés de l'effigie des personnages, ou des urnes placées

B

sur des colonnes, ou de simples tables portant
des inscriptions honorifiques ou épitaphes. On
n'indique pas la latitude de liberté réservée à l'art
dans l'exécution de tous ces ouvrages ; mais on
sent que tout indéfinie qu'elle doive être, il
n'est aucun d'eux qui ne puisse trouver dans
notre édifice une place convenable, sans en
rompre l'harmonie et sans en gâter l'ordonnance.

De tous ces produits de l'art, les uns seroient
de leur nature susceptibles de s'adosser aux murs
de l'édifice ; les autres isolés entre les colonnes,
formeroient la plus noble et la plus imposante
de toutes les décorations. Il n'est aucune alliance
plus favorable que celle des statues et des colonnes ; la seule chose à déterminer seroit le
rapport de leurs proportions.

En réglant ainsi la mesure et la qualité des
monumens, on satisfait en même tems à l'intérêt
dû à l'architecture. Si les églises gothiques de
Saint-Denis et de Westminster n'ont qu'à s'ap-
plaudir de la diversion que l'étalage de tous leurs
mausolées fait à leur architecture, nous ne pen-
sons pas qu'on puisse témoigner la même in-
différence dans un édifice construit avec les or-
dres de la Grèce, et qui réclame en sa faveur
tous les ménagemens d'un goût éclairé. Cependant les dispositions d'ordre et de goût que
nous venons d'indiquer, loin de rétrécir le champ

que doivent occuper les ouvrages de l'art, luidon-
nent une bien plus grande étendue. Nous avons
trouvé que sans offenser en rien la symétrie de
l'ordonnance générale, sans rien ôter aux déga-
gemens et à la libre circulation de l'intérieur,
sans blesser aucun membre d'architecture, on
pourroit compter quatre-vingts monumens ados-
sés, et un égal nombre de monumens isolés.
Pour peu qu'on voulût tirer parti de toutes les
places, doubler les monumens entre toutes les
colonnes engagées dans le mur, et mettre à
profit beaucoup d'autres espaces que le plan seul
peut indiquer, il n'est pas douteux qu'on puisse
porter à trois cents le nombre des signes d'honneur que la Patrie décernera à ses bienfaiteurs.

La partie souterraine de l'édifice n'a besoin
d'aucun changement, pour devenir le lieu de
repos des grands hommes dont on sera à même
de recueillir les cendres. Les monumens situés
dans la partie supérieure indiqueroient par l'inscription HÎC JACET, ceux dont les corps y seroient inhumés. On laisse du reste à l'opinion
le soin de classer et de distribuer au gré des
convenances, toutes les parties de ce souterrain.

Il est une dernière disposition que nous devons
vous proposer, et en l'adoptant, vous accom-
plirez le vœu de toutes les ames sensibles. L'art
de caractériser les monumens tient à des moyens

que l'on s'est trop habitué à croire indifférens
parce que rarement les affections du peuple se
sont mélées aux conceptions des artistes ; mais
le premier ouvrage de la sensibilité nationale doit
accueillir tout ce qui concourt à fortifier ce
besoin. Rien ne nous paroîtroit donc plus propre
à renforcer toutes les impressions qui doivent
résulter de la nature du monument, que d'en-
vironner son extérieur d'une enceinte plantée
d'arbres dont l'ombre silencieuse ajouteroit au
sentiment religieux du local. Nous n'avons pas
besoin sans doute de solliciter votre imagination
par la peinture anticipée de toutes les images
dont cette réunion des beautés de la nature et
de l'art formeroit le tableau. Nous ne vous pein-
drons point les divers aspects de votre monument qui s'élève avec plus de grandeur et de
noblesse au milieu du bois sacré qui l'entoure
et le sépare du tumulte de la ville, ni les pro-
menades philosophiques qu'offriroit aux hommes
sensibles cet élisée national. Nous devons vous
dire seulement que l'immensité du terrein qui
environne l'édifice, sollicite de votre économie
même une telle disposition, et que le jardin
contigu de l'ancienne abbaye semble encore devoir concourir à l'augmentation et à l'embellis-
sement du projet que nous vous présentons.

Des usages habituels auxquels cet édifice pourroit servir.

Avant de passer au détail de toutes les mesures actives propres à réaliser ce projet, et à établir dans la confection de notre édifice un ordre de travail qui accélère la jouissance du public, il est encore une mesure de convenance morale que nous avons cru devoir vous présenter, quoiqu'elle soit moins du ressort de notre travail.

Après avoir mis, par l'activité de tous les moyens qui sont en votre pouvoir, l'édifice confié à vos soins en état de répondre à la destination que lui a assignée l'Assemblée Nationale, il nous semble qu'il resteroit encore quelque chose à faire, et que vous seuls pouvez le faire : ce seroit d'attacher à cette destination, en quelque sorte passive du monument, un emploi plus actif, un cours d'usages habituels, de cérémonies civiques dans lesquelles les sentimens des vivans se renforceroient des exemples des morts, et qui établiroit entre les leçons des uns, et l'émulation des autres, ce concert d'institutions et de pratiques qui, par l'entremise des sens, élève l'ame à l'imitation de tout ce qui est beau. Nous ne vous parlerons point des fêtes civiques où l'art du chant et la pompe des cérémonies consacreroient des hommages périodiques à la mémoire des grands hommes. Peut-être laisserez-vous à l'instinct spontané du sentiment le soin de fonder des usages que la loi commande toujours mal, parce qu'ils ne veulent point être commandés, et dont l'enthousiasme est souvent le meilleur ordonnateur.

Mais en attendant que l'habitude ait réglé et sanctionné par des formes et des rites solennels, l'ouvrage du sentiment, ne semble-t-il pas que ce grand édifice reprocheroit à l'administration le vide de sa destination habituelle, si son enceinte, long-tems solitaire, ne s'ouvroit qu'à la curiosité des admirateurs de l'art qui l'auroit formé ? Ne seroit-il pas possible que l'asyle des hommes qui ont bien servi la patrie, devînt le chef-lieu de l'auguste cérémonie qui impose à tous les citoyens l'obligation de la servir ? Pourquoi n'élèveroit-on pas au centre de la coupole, un autel à la Patrie, où se prêteroit solennellement le serment de tous ceux qu'une fonction quelconque oblige à cet engagement ?

Pourquoi cet oratoire des grands hommes ne seroit-il pas exclusivement consacré aux harangues funèbres des citoyens que leurs vertus rendroient dignes de cet honneur ?

Pourquoi n'en feroit-on pas choix pour décerner les récompenses de tous genres, les prix 'de vertu, de patriotisme, de dévouement au bien public ?

Pourquoi n'affecteroit-on pas spécialement cette galerie d'honneur et de vertu à ces distributions annuelles des prix fondés pour l'encouragement des études et de la jeunesse ? Et quel lieu plus propre à exciter les jeunes gens à l'amour de la Patrie et des belles choses, que celui où, associés en quelque sorte d'avance, aux grands hommes qui les environneroient, ils prendroient sous leurs yeux, l'engagement de les imiter, et apprendroient à connoître déjà la Patrie par ses bienfaits.

Nous ne faisons, Messieurs, que proposer à la sagacité de votre patriotisme ces essais d'institutions civiques, que vous seuls pouvez dignement ordonner et coordonner à l'édifice qui attend de vous sa perfection physique et morale. Nous n'insistons sur la nécessité de ces fondations civiques, que parce que nous savons combien il importe d'éviter à la critique le rapprochement de la dépense énorme d'un monument, avec l'espèce de nullité d'emploi habituel auquel il se trouveroit long-tems condamné, et parce que nous savons encore combien de nobles institutions réfléchissent en quelque sorte d'éclat sur les édifices, en ajoutant à l'opinion de leur beauté, celle des usages auxquels ils servent.

B 4

Ainsi, c'est l'intérêt du monument, et c'est encore celui de votre administration que nous prenons en cet instant.

CHAPITRE II.

Moyens d'exécution.

Il reste maintenant à vous proposer les mesures actives propres à réaliser l'exécution de ce que nous n'avons fait que vous décrire.

Il y a, Messieurs, dans la manière d'exécuter les monumens publics, deux partis à prendre également susceptibles d'inconvéniens.

L'un consiste à terminer, avant tout, la construction de l'édifice et à remettre l'exécution de sa décoration, comme un accessoire indépendant, après la terminaison du nécessaire.

L'autre, à faire marcher de pair ces deux genres de travaux, et à donner même souvent la priorité à la décoration dans l'ordre des dépenses et des ouvrages.

L'inconvénient du premier parti est sensible dans un grand nombre de nos monumens sacrés, restés imparfaits quant à la partie de la décoration. Dès l'instant que l'objet essentiel de leur destination a pu être rempli, le peuple devenu insensible, et familiarisé par l'habitude à leur imperfection, a cessé de s'intéresser à leur achèvement, les fonds qui leur étoient destinés ont pris de nouvelles routes, et le monument incomplet accusant en vain l'infidélité ou l'inconstance de ses auteurs, dépose contre le caractère et le goût du peuple.

L'architecte de l'édifice (dit *de Sainte-Geneviève*) prit toutes les mesures propres à éviter cet inconvénient : l'extérieur étoit fini dans les moindres détails d'ornemens, que la construction intérieure, celle même de la coupole, n'étoit ni achevée, ni même commencée. Cette manière de faire jouir graduellement le public de chaque partie complette, a aussi l'inconvénient de reculer beaucoup trop sa jouissance défi.i ive ; les générations se succèdent en se léguant les unes aux autres l'espoir incertain de voir la fin d'un monument.

Nous touchons au moment de recueillir l'héritage de nos prédécesseurs, et il n'y a pas de doute qu'avec des fonds suffisans, en moins de deux années notre monument pourroit recevoir le complément de son exécution.

Mais sa nouvelle destination augmentera d'autant plus l'impatience du public. Il faut enfin que cette belle institution se réalise aux yeux du peuple, et tout retard est dangereux en fait de projets dictés par l'enthousiasme. Il n'est souvent qu'un moment pour le génie, il faut le saisir, il faut prévenir le retour du calcul et de la froide réflexion.

Nous voudrions donc que dans le cours d'une année le monument des grands hommes pût recevoir sa dédicace solennelle, pût remplir déjà l'objet de sa nouvelle destination.

A cet effet, nous avons divisé en trois parties bien distinctes l'ordre des travaux dont le cours pourroit se régler selon leur plus ou moins indispensable nécessité, et se graduer sur le besoin de jouir promptement de l'édifice.

Le premier cours est celui des travaux nécessaires, quelle qu'eût pu être la destination de l'édifice. Il se divise en deux parties ; celle de construction et celle d'ornement. La partie de construction comprendroit les ragrémens du perron, le pavement du péristile, la confection des portes et des vitraux, le pavement de l'intérieur de l'édifice, les rampes d'escaliers ; le pavement, le ragrément et la clôture de la partie souterraine, ainsi que le nivellement et le pavement du terrain extérieur. La partie d'ornement comprendra le fusellement des colonnes intérieures, le ragrément des voûtes, la taille de tous les ornemens dans tous les profils et moulures des parties essentielles de l'architecture, ainsi que des autres détails dont la symétrie exige la répétition dans les parties imparfaites du monument, le fusellement des colonnes du dôme, la sculpture des chapiteaux et celle des plafonds des plate-bandes.

Le second cours est celui des travaux nécessités impérieusement par le changement de destination qu'a éprouvé l'édifice. Il se diviseroit aussi en objets relatifs à la décoration et travaux de construction. La première partie comprendroit le remplacement indispensable de tous les bas-reliefs extérieurs, dont tous les sujets, comme on l'a vu, seroient à l'avenir des hors-d'œuvres ridicules et des contre-sens insoutenables; le remplacement de la lanterne et de sa croix par une allégorie caractéristique au nouvel emploi; la suppression des détails extérieurs, incompatibles avec son usage interne. Les travaux pratiques de construction consisteroient dans les échafaudages qu'exigeroient ces changemens dans le ravalement des pierres, dans le rapport à faire de celles qu'il faudroit restituer au ciseau de la sculpture.

Nous plaçons au troisième ordre de travaux ceux de la sculpture en figures, et qui comprendroient le développement d'un nouveau motif d'allégorie dans l'intérieur des voûtes, ainsi que dans la décoration peinte de la coupole. Plus d'un motif nous engage à placer de la sorte ce cours de travaux.

1°. Parce que dans toute espèce d'hypothèse ces travaux pourroient retarder le prompt emploi du monument et la jouissance du public.

2°. Parce que l'édifice terminé et dégagé de son échafaudage, rien n'empêchera que l'on ne puisse faire des échafauds volans pour l'exécution de ces parties.

3°. Parce qu'aux yeux des gens de goût, l'harmonie de décoration dans les voûtes en question devant s'opérer plutôt par suppression que par addition, l'opinion publique prononceroit bien plus sûrement par la comparaison des voûtes ornées de figures, avec celles qui n'en auroient point, la mesure et le mode de décoration convenable.

Au reste, cet ordre de travaux, nous ne vous le présentons que comme un système à suivre dans le cas où les fonds ne suffiroient pas pour faire marcher de front et ensemble toutes les parties de l'édifice. Il est clair que le nécessaire doit aller avant l'utile, et l'utile avant l'agréable. Telle est la méthode sur laquelle nous avons réglé l'ordre à suivre dans les travaux, en proportion des fonds.

Organisation et régime du bâtiment.

La bonne organisation dans toutes les parties relatives à notre monument se divise en deux parties, dont la correspondance est naturelle, mais que nous divisons pour mettre plus de clarté dans nos idées. De ces deux parties, l'une est l'administration active, ou celle qui établira une graduation de pouvoir et de surveillance dans l'exécution matérielle de tous les ouvrages et de tous les plans arrêtés ; l'autre, l'administration relative à l'emploi des deniers, à la comptabilité des divers agens, et un contrôle qui doit exister dans les dépenses et la forme des paiemens.

La première de toutes les conditions, pour parvenir à mettre de l'harmonie dans la première espèce d'administration que l'on appelle exécutive, est d'établir un point de centre auquel viendroient aboutir, par une échelle fort simplifiée d'agens subalternes, toutes les opérations, toutes les dépenses, tous les états de travaux, toute l'action de la surveillance, de telle sorte qu'en grand comme en petit, rien ne puisse se faire et s'exécuter que d'après les projets arrêtés et l'approbation donnée par celui qu'on auroit placé au centre de l'exécution, et qui répondroit à l'administration supérieure. Sans cette mesure, le Directoire, toujours distrait par de plus grandes affaires, le plus souvent inhabile à apprécier cette foule d'abus qui attaquent l'ensemble des opérations, seroit toujours dans l'alternative d'une inaction funeste, ou d'une action hasardée.

Ce premier rouage en feroit mouvoir deux autres, c'est-à-dire, deux agens secondaires, chargés directement de l'inspection et de la conduite des détails de l'édifice.

Les différens ouvrages qui restent à faire pour le terminer, leur importance, la perfection et la célérité qu'on veut mettre à leur exécution, exigent nécessairement le concours d'un grand nombre d'ouvriers et d'artistes. Cette division toute simple indique la nature et la diversité de ces deux inspecteurs. L'un seroit à la tête des ouvriers, l'autre seroit le chef des artistes.

Le premier auroit dans son ressort l'inspection sur tous les entrepreneurs de maçonnerie, de charpente, de serrurerie, de menuiserie, sur la bonne qualité des matériaux et leur emploi ; il seroit chargé de la partie si essentielle de l'échafaudage, du nivellement des terrains, du pavement de l'édifice, et généralement de tous les détails qui séparent ordinairement la partie pratique de l'art d'avec celle du goût. Ce chef ou inspecteur auroit un sous-inspecteur chargé de la surveillance plus minutieuse de tous les détails, qui dans un si grand ensemble échappent toujours à la vigilance d'un seul homme.

Le second auroit dans son département la

partie des dessins à faire pour tous les ornemens à changer ou à remplacer, d'après les
plans arrêtés, la surveillance générale de la décoration et de l'ornement; il seroit également
nécessaire de placer sous lui un surveillant plus
immédiat de l'exécution de l'ornement; il devroit
se prendre parmi les sculpteurs de ce genre, et
parmi les plus habiles. De cette inspection jour-
nalière et indépendante de ceux sur qui elle doit
s'exercer, résultera la seule garantie qu'on puisse
raisonnablement attendre de la perfection des
ouvrages.

Il seroit nécessaire en outre de placer un autre
agent sous le titre de *vérificateur*, qui seroit
chargé de tenir, conjointement avec les deux
inspecteurs, un état des ouvrages et des dépenses
à faire chaque mois, afin qu'en tout tems l'administration puisse connoître les dépenses et les
ouvrages faits et à faire.

La seconde fonction du vérificateur fait partie
de l'administration du régime de l'édifice dans
son rapport avec la comptabilité et l'emploi des
deniers. Il devroit tenir un registre exact de tout
ce qui se seroit fait et fourni chaque jour par les
artistes et les entrepreneurs; il en seroit un relevé
par mois, qui devroit être certifié par les deux
inspecteurs. Ces états ainsi certifiés et signés de
lui, seroient remis au chef supérieur, qui les pré-

senteroit au bureau de l'administration chargé de cette partie.

Les dépenses des entrepreneurs étant connues et constatées par l'arrangement qu'on vient de proposer, on leur alloueroit un bénéfice de dix à douze pour cent: ainsi il n'y auroit point besoin de réglement. On éviteroit par-là l'opération infiniment laborieuse de débrouiller dans des mémoires, souvent déguisés par une foule d'usages et de subtilités, la véritable valeur des ouvrages.

D'après les états signés, comme on l'a dit plus haut, on délivreroit à chaque entrepreneur une ordonnance du montant pour lequel il seroit porté sur l'état; une ordonnance pour les sculpteurs, au nom de leur chef, et une autre pour les ouvriers au nom du leur. L'un et l'autre de ces chefs séroient chargés de payer ceux qui travailleroient sous eux. Il seroit retenu aux entrepreneurs, ainsi qu'à ces chefs ou inspecteurs, un mois en arrière pour leur responsabilité.

Quant au moteur premier de toute industrie, d'où dépend la prompte et bonne exécution de notre monument, il n'appartient qu'à vous, Messieurs, de lui redonner toute son activité. Le Directoire chargé de faire terminer l'édifice, doit se procurer les moyens d'y parvenir. Le plus efficace sans doute, est d'obtenir le prompt

paiement

paiement des sommes que la Nation doit acquitter pour accomplir le vœu de la reconnoissance.

Vous avez vu que l'édifice fut doté d'une somme de 365 mille livres pour sa construction. En 1780, un calcul des dépenses qui restoient à faire, des intérêts à payer de ce qui étoit dû aux entrepreneurs, fit voir que pour subvenir à tous ces frais, la somme annuelle se réduisoit à 210,000 livres; d'où il résultoit alors qu'il auroit fallu quarante-quatre ans pour parvenir à l'achèvement de l'édifice.

Le lointain de cette perspective fit chercher les moyens d'en rapprocher le point de vue. Le projet d'emprunt fut approuvé par le roi en 1783, et autorisé par lettres-patentes enregistrées en 1784. Depuis cette époque jusqu'à 1790, il fut employé une somme annuelle plus ou moins forte; mais qui, déduction faite de tous les intérêts et de l'extinction de la dette des entrepreneurs, devoit être de 559,123 liv.

Différentes causes ont diminué sensiblement l'emprunt, et enfin il a cessé d'avoir lieu en 1790.

Reste donc à l'édifice la somme de dotation, qui est de 365 mille livres; mais grevée de 60 mille livres d'intérêt, dus aux vendeurs de terrains et de maisons, et de 95 mille livres pour intérêt de l'emprunt, ce qui réduit la somme disponible à celle de 210 mille liv.

Il est dû en outre aux entrepreneurs, une somme de 120 mille livres, dont l'extinction graduelle, si elle étoit prise sur ce restant de fonds, absorberoit pour plusieurs années la somme applicable à l'édifice, et reculeroit à une époque indéfinissable sa terminaison.

Nous croyons donc que le Directoire devroit faire trois opérations :

La première consisteroit à faire régler et arrêter les mémoires arriérés de tous les entrepreneurs, à dater de l'époque où commencera le nouvel ordre de choses, et à les renvoyer au comité de liquidation pour être payés.

La seconde consisteroit à transporter à la masse générale des créanciers de la Nation les sommes dues, tant pour intérêts des maisons et terrains vendus, que pour l'intérêt de ceux qui ont mis des fonds dans l'emprunt. Par ce moyen, la somme de 365 mille liv. resteroit quitte et nette de toutes charges.

La troisième opération, d'après le calcul des dépenses qui restent à faire, consisteroit à prier l'Assemblée Nationale de fixer les fonds affectés aux travaux de Sainte-Geneviève par le décret du 16 juin 1791, à la somme de 500 mille liv. par an, pour hâter l'ouvrage et accélérer la jouissance du public.